Mae'r llyfr hwn yn perthyn i

....

....

I'm brawd Dom, a oedd yn caru'r môr a'r holl greaduriaid ynddo a hefyd i'm plant am fod yn lanhawyr traeth mor frwdfrydig! Hoffwn i allu dweud yr un peth am eich ystafelloedd gwely! EJ

Wedi ei gyflwyno i'm teulu.
Rwy'n gobeithio y bydd y llyfr hwn yn ysbrydoli plant ac oedolion fel ei gilydd i warchod ein bywyd gwyllt unigryw a bregus ar gyfer cenedlaethau'r dyfodol. EO

Cyhoeddwyd gyntaf gan Under Pressure Media Ltd
Looe Cornwall PL13 1NX

Hawlfraint y testun © Eleanor Jackson 2015
Hawlfraint y darluniau © Elizabeth Oldmeadow 2016

Cedwir pob hawl.

Heb gyfyngu ar yr hawliau dan hawlfraint a gedwir uchod, ni ellir atgynhyrchu, storio neu gyflwyno unrhyw ran o'r cyhoeddiad hwn i mewn i system adfer, na'i drosglwyddo, mewn unrhyw ffurf neu drwy unrhyw fodd (electronig, mecanyddol, llungopïo, recordio neu fel arall), heb ganiatâd ysgrifenedig blaenorol perchennog hawlfraint a chyhoeddwr y llyfr hwn.

10 9 8 7 6 5 4 3 2 1

Mae cofnod catalog CIP ar gyfer y llyfr hwn ar gael o'r Llyfrgell Brydeinig.

ISBN 978-1-9997485-2-4

Ewch i www.wildtribeheroes.com, Facebook, Twitter ac Instagram @wildtribeheroes
i ddarganfod mwy am Duffy, gweithgareddau a gemau a sut y gallwch chi helpu môr-grwbanod

Dihangfa Lwcus Duffy

Stori gan Ellie Jackson

Darluniau gan Liz Oldmeadow

Under Pressure Media Ltd - UK

Un tro, oddi ar ynys bell bell i ffwrdd, yn yr haul a'r môr roedd môr-grwban bach pert yn byw o'r enw Duffy. Roedd hi'n hapus yn nofio yn nyfroedd clir, cynnes ei rîff cwrel, yn chwilio am slefrod môr a haig disglair o bysgod blasus i'w bwyta.

Roedd hi wrth ei bodd yn plymio i lawr i waelod tywodlyd y môr i bori ar welyau tonnog o forwellt blasus. Yna, byddai'n arnofio'n ysgafn i fyny i'r wyneb i dorheulo yn yr haul trofannol poeth.

Un diwrnod, chwipiodd storm wyllt a ffyrnig y môr yn donnau mawrion a ddisgynnodd ar Duffy fach. Rhuodd y storm a pheri iddi chwyrlïo a throsi i ffwrdd o'i chartref, gan ei gwthio allan i'r môr mawr.

Wedi'r storm, ymdawelodd y môr unwaith eto. Cafodd Duffy ei hun wedi'i hamgylchynu gan gysgodion rhyfedd a chreaduriaid dieithr yn sleifio heibio yn y dyfroedd tywyll a llwyd.

Roedd Duffy'n llwglyd. Dechreuodd chwilio am fwyd a cheisio dod o hyd i greigiau a riffiau ei chartref. Dechreuodd fflachiadau o liwiau ddawnsio a chwyrlïo o'i blaen fel y pysgod sgleiniog a gofiai o'i riff cwrel ei hun.

Yn ara' deg, yna'n gyflymach ac yn gyflymach, aeth Duffy ar ôl y fflachiadau lliwgar hyn, a'u dal yn ei cheg a'u llyncu.

Roedd gwrthrychau rhyfedd yn arnofio o amgylch Duffy.

Roedden nhw'n edrych fel slefrod môr yn y dyfroedd tywyll.

Roedd ganddyn nhw dentaclau byrion a chyrff siâp balŵn, yn rowlio'n araf gyda'r llif. Roedd Duffy'n meddwl mai bwyd oedden nhw. Estynodd allan drwy'r dŵr i lyncu'u cyrff seimllyd i'w bol a oedd yn cyflym lenwi.

Arnofiodd Duffy am amser hir. Gorffwysodd ar yr wyneb gan ei bod yn dechrau teimlo'n rhyfedd y tu mewn i'w chragen. Roedd ei bol yn brifo ac roedd teimlad ysgafn, ewynnog yn byrlymu drwy ei chorff.

Roedd hi'n dyheu am ychydig o forwellt ffres i leddfu'r boen yn ei bol ond ni allai blymio'n ddigon dwfn i gael peth. Doedd hi ddim yn deall beth oedd yn digwydd iddi. Roedd ei hesgyll a arferai bod yn gryf nawr yn teimlo'n wan ac roedd ei chorff dal yn ei thynnu yn ôl i'r wyneb.

Clywodd Duffy sŵn rhuo uchel a chwynfanllyd o'i chwmpas. Fe wnaeth hyn godi ofn arni a'i drysu gymaint nad oedd hi'n gwybod pa ffordd i fynd.

Yn sydyn, cafodd ei thynnu yn ôl, ac yna ei chodi i fyny, yn uchel allan o'r dŵr ac i mewn i gwch y pysgotwyr. Gorweddodd yno'n dawel a llonydd, wedi'i dychryn gan sŵn ac arogleuon y bobl oedd wedi'i hachub. Roedd y pysgotwyr wedi gweld môr-grwbanod fel hyn o'r blaen, yn arnofio ac yn methu plymio, ac ro'n nhw'n gwybod bod angen help ar Duffy.

Arllwysodd y pysgotwyr caredig ddŵr môr dros Duffy er mwyn iddi aros yn oer ar eu taith i ddiogelwch a thawelwch Ysbyty'r Môr-grwban.

Roedd llawer o danciau glas yn Ysbyty'r Môr-grwbanod. Roedden nhw wedi'u llenwi â dŵr rhedegog, clir oedd yn gartref i fôr-grwbanod sâl eraill. Fe wnaeth y dwylo tyner lanhau a chrafu'r gwymon o gragen Duffy. Cafodd ei bwydo gan bysgod, octopws a sglefrod môr ffres er mwyn iddi gryfhau unwaith eto, ond aeth y boen yn ei bol yn waeth.

Rhoddwyd Duffy ar wely arbennig ac roedd milfeddygon yn gofalu amdani. Wrth iddi fynd i gysgu, breuddwydiodd am y traeth lle cafodd ei geni. Tra ei bod yn cysgu cafodd pelydr-X a oedd yn dangos nad pysgod lliwgar na sglefrod môr oedd y bwyd wnaeth hi fwyta ar ôl y storm. Yn hytrach, bagiau plastig, darnau o hen boteli diod a phecynnau creision gwag roedd pobl wedi'u taflu i ffwrdd ac a oedd wedi golchi allan i'r môr neu wedi'u gadael ar y traeth.

Roedd y sbwriel plastig oedd yn arnofio yn y môr wedi twyllo Duffy. Roedd yn edrych fel bwyd ac roedd hi wedi ei lowcio ac yna ei gwneud yn sâl iawn. Roedd rhaid i'r milfeddygon wneud llawdriniaeth ar Duffy i gael gwared ar y plastig yn ei bol. Byddai wedi marw oni bai am hynny.

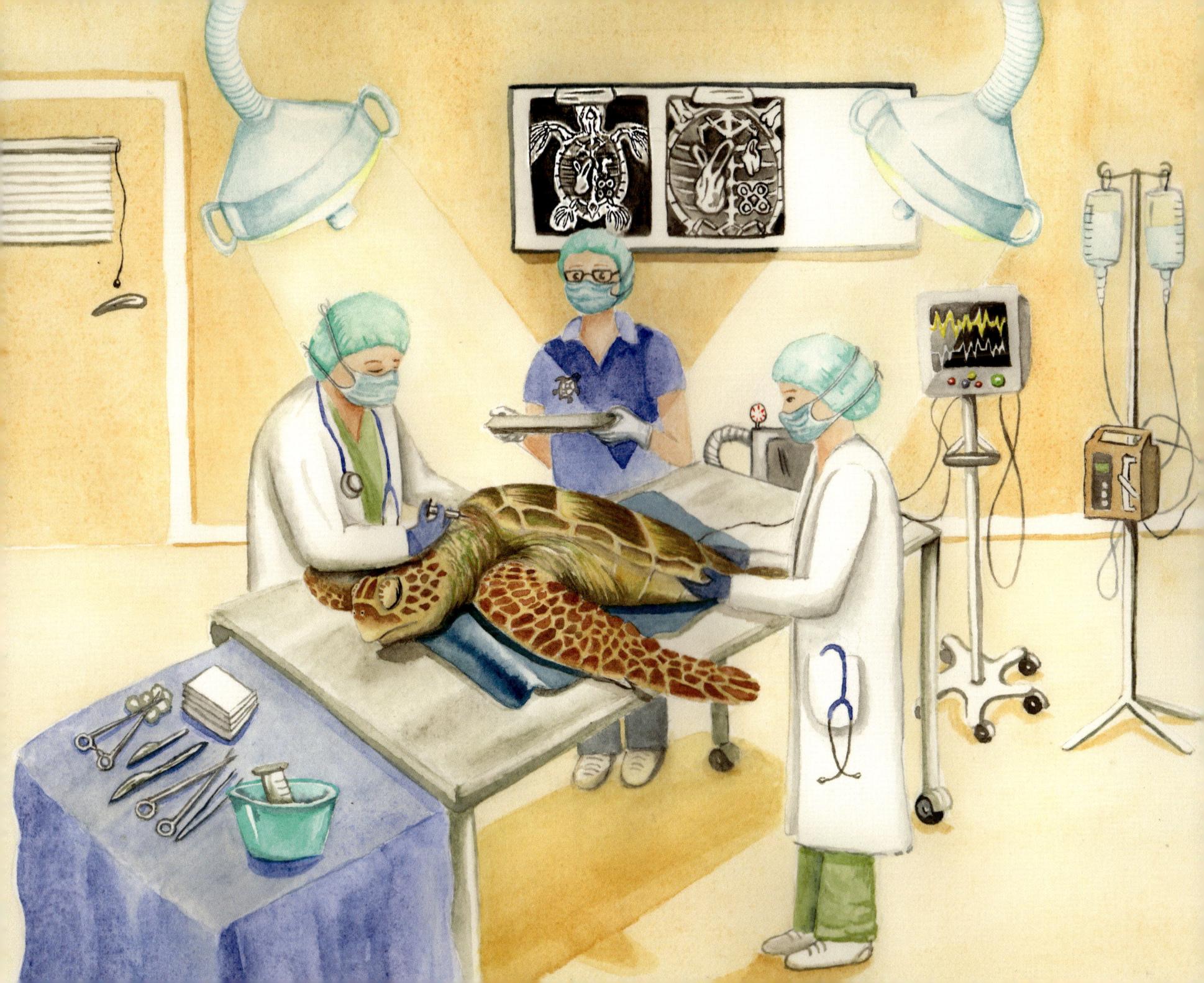

Roedd Duffy yn lwcus ac wrth iddi ddechrau gwella tyfodd yn gryfach ac yn drymach eto - dechreuodd ei chragen ddisgleirio, roedd ei hesgyll yn gryf ac roedd ei chorff yn iach. Cafodd ei symud i danc mawr gyda chreaduriaid a gofiai yn ei rîff – heigiau lliwgar o bysgod trofannol yn gwibio, siarcod mawrion, afrosgo a morgathod yn sleifio heibio.

Roedd Duffy'n teimlo'n gyfforddus ac yn hyderus wrth iddi nofio'n nerthol a phlymio'n ogoneddus. Roedd hi'n mwynhau bod gyda'i ffrindiau newydd yn yr acwariwm tra bod yr ymwelwyr yn gwylio ac yn gwenu.

O'r diwedd, daeth y dydd pan wnaeth Duffy wella'n gyfangwbl. Roedd hi nawr yn barod i gael ei rhyddhau yn ôl i'w chartref. Ymgasglodd pobl ar y traeth i wylio Duffy yn cael ei dychwelyd i'r môr. Syllodd y plant yn eiddgar i mewn i'w chawell i'w gweld a thynnodd y camerâu newyddion luniau i'r wlad gyfan i'w gweld.

Cafodd Duffy ei chario i lawr i'r traeth lle'r edrychodd o'i chwmpas ar y ddwy res o bobl bonllefgar ac ar y môr symudliw roedd hi'n cofio mor dda. Yna, rhyddhaodd y dwylo cryfion hi. O'r diwedd, roedd hi'n rhydd!

Sgrialodd hi dros y tywod, gyda'i greddf yn ei chyfeirio i lawr y traeth i'r dŵr cynnes, yna dan y môr, cymryd anadl unwaith eto ac yna dan y môr eto.

Nofiodd Duffy yn hapus yn ôl i'w chartref, ymhlith y riffiau a'r morwellt, yn rhydd o'r plastig roedd pobl wedi'i roi yn y môr, yn rhydd i sgrialu a hela, nofio a phlymio unwaith eto.

Mae'r fersiwn Gymraeg hon wedi'i noddi gan Ganolfan Darwin mewn partneriaeth â Choleg Sir Benfro

Mae Canolfan Darwin dros Fioleg a Meddygaeth yn elusen a'i lleoliad yn Sir Benfro a gafodd ei sefydlu ym 1994. Nod rhaglen addysg yr elusen, sef 'Profiad Darwin', yw ennyn diddordeb a chymell pobl ifanc a chymunedau, trwy deithiau natur a gweithdai ymarferol a thrwy brofiadau sy'n seiliedig ar Wyddoniaeth, Technoleg, Peirianneg a Mathemateg (STEM). www.darwincentre.com

Mae Canolfan Darwin yn falch o fod wedi cefnogi cyfieithu 'Dihangfa Lwcus Duffy' i'r Gymraeg, ochr yn ochr â'n partneriaid, Coleg Sir Benfro.

Mae Coleg Sir Benfro yn goleg addysg bellach (AB) sy'n cyflogi tua 480 o staff ac yn cofrestru tua 5,000 o ddysgwyr bob blwyddyn, gydag o gwmpas 1,700 ohonynt yn llawn amser. Mae'r Coleg wedi'i lleoli ar ddau brif gampws - campws AB cyffredinol yn nhref sirol Hwlffordd sy'n cynnig ystod o raglenni galwedigaethol a darpariaeth Lefel A a chanolfan lai yn Aberdaugleddau, gan ganolbwyntio ar beirianneg. Mae'r Coleg yn cynnig cwricwlwm o lefel cyn mynediad i addysg uwch ac mae hefyd yn arwain consortiwm dysgu seiliedig ar waith o'r enw B-WBL sy'n cefnogi tua 5,000 o brentisiaethau a hyfforddeion ar draws De Cymru.

O'ch chi'n gwybod..?

Mae yna 7 math gwahanol o fôr-grwbanod ac mae pob un ohonynt mewn perygl. Mae hyn yn golygu y gallent ddiflannu oni bai fod pobl yn eu hamddiffyn ynghyd â'u cynefinoedd.

Y môr-grwban mwyaf yw'r Môr-grwban Lledraidd sy'n gallu tyfu hyd at 2 fetr – mae hynny mor fawr â thaldra eich athro neu eich athrawes! Mae rhai môr-grwbanod yn llawer llai a dim ond yn tyfu i faint cath.

Cafodd y môr-grwban mwyaf a gofnodwyd erioed ei ddarganfod ar draeth Harlech, Gogledd Cymru ym 1988. Roedd y môr-grwban Lledraidd yn pwyso oddeutu 914kg, bron yn 3 metr o hyd, ac amcangyfrifwyd iddo fod yn 100 mlwydd oed. Yn anffodus, roedd y môr-grwban wedi boddi ar ôl mynd yn sownd mewn rhwydi pysgota o'r lan. Gallwch weld arddangosfa yn Amgueddfa Genedlaethol Cymru, Caerdydd.

Yn gyffredinol, mae môr-grwbanod yn hoffi byw mewn moroedd cynnes gan eu bod yn ymlusgiaid gwaed oer. Mae ganddynt groen cennog, yn anadlu aer ac yn dodwy wyau.

Mae gan fôr-grwbanod esgyll blaen pwerus mawr i'w gyrru drwy'r dŵr a defnyddir yr esgyll cefn ar gyfer llywio. Y Môr-grwbanod Lledraidd yw'r rhai cyflymaf ac maent yn gallu nofio mor gyflym â chŵn yn rhedeg.

Mae gwahanol fathau o fôr-grwbanod yn hoffi bwyta gwahanol fathau o fwyd fel morwellt, sglefrod môr, gwymon, crancod, pysgod a berdys. Gall môr-grwbanod ddal eu hanadl am sawl awr os ydynt yn gorffwys ond os ydynt yn brysur yn bwydo mae angen iddynt ddod i'r wyneb pob ychydig funudau am aer. Maent yn gallu byw cyhyd â phobl – hyd at 100 mlynedd!

Glanhewch y môr i wneud môr-grwbanod yn hapus!
Sut allwch chi helpu i achub y môr-grwbanod?

- Defnyddiwch lai o blastig – stopiwch ddefnyddio plastig untro fel gwellt yfed a bagiau – dewch â'ch bagiau eich hun i'r siopau.
- Stopiwch brynu dŵr potel – cariwch botel y gellir ei hail-ddefnyddio.
- Ailgylchwch eich sbwriel gartref.
- Ewch heb blastig yn eich bocs cinio ysgol.
- Casglwch sbwriel ar y traeth os yw'n ddiogel i wneud hynny.
- Rhowch wybod am fywyd gwyllt sydd wedi'i anafu i elusen leol neu filfeddyg.
- Dywedwch wrth bobl eraill am y broblem gyda phlastig yn y moroedd a helpwch i ledaenu'r gair ac arbed bywyd gwyllt morol fel Duffy.

Am ragor o wybodaeth am yr awgrymiadau hyn ac i ddarganfod ffyrdd eraill o helpu, ewch i www.wildtribeheroes.com

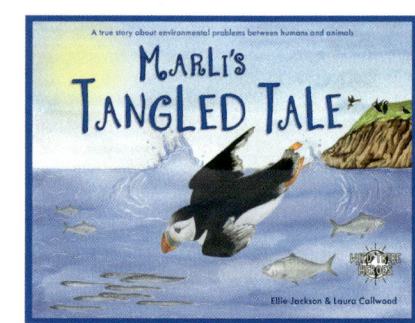

Yr Awdur

Fe wnaeth yr awdur sydd wedi'i lleoli yn y DU, Ellie Jackson, athrawes a mam o bedwar, sylwi ar yr effaith gafodd ymweliad ag Ysbyty Môr-grwbanod yn Townsville, Awstralia ar ei phlant ifanc a pha mor frwdfrydig oedden nhw wedi hynny i gasglu sbwriel ar y traeth. Ar ôl astudio Gwyddoniaeth Amgylcheddol yn y brifysgol, a dysgu Daearyddiaeth am 6 blynedd, roedd yn ddilyniant naturiol i Ellie ddysgu'r neges amgylcheddol i'w phlant yn y llyfr hwn a chafodd y syniad am Duffy ei eni.

Y Darlunydd

Mae Liz Oldmeadow yn ddarlunydd a ffotograffydd arobryn o Port Stephens, tref arfordirol yn NSW, Awstralia. Mae Liz wastad wedi teimlo cysylltiad dwfn â'r amgylchedd a chwblhaodd Faglor mewn Darlunio Hanes Naturiol ym Mhrifysgol Newcastle yn 2007. Mae Liz wedi bod yn gweithio fel darlunydd a ffotograffydd ers dros 10 mlynedd, gan dynnu ysbrydoliaeth o fywyd gwyllt a thirweddau Awstralia. Instagram: lizoldmeadow

Daeth Liz ac Ellie yn ffrindiau mewn grŵp mamau tra roedd eu meibion yn fabanod. Arweiniodd sgwrs ar hap i'r ddwy gyfuno'u talentau ac ar ôl llawer o waith caled ac edrych ar ôl plant, roedd neges Duffy yn barod i'w rhannu.

Mawr obeithiwn y byddwch yn mwynhau darllen y llyfr i'ch plant ac fe'ch anogir i drafod y syniadau a'r materion a godwyd ynddo. Mae yna rai gweithgareddau ac awgrymiadau ychwanegol ar gyfer ymgysylltu plant ac mae adnoddau ar gael i athrawon ac addysgwyr allu defnyddio Duffy o fewn y cwricwlwm ehangach – gellir dod o hyd i bopeth ar www.wildtribeheroes.com. Rydyn ni ar Facebook, Twitter ac Instagram @wildtribeheroes i gael y newyddion, y digwyddiadau a'r cystadlaethau diweddaraf.

Sut i fynd ati i lanhau ychydig o draeth

Un ffordd y gallwch chi helpu i warchod ein bywyd gwyllt morol fel môr-grwbanod yw mynd i lanhau ychydig o draeth. Gall hyn fod mor syml â chodi sbwriel a welwch ar y traeth wrth i chi gerdded neu gallwch ofyn i'ch ysgol neu'ch clwb drefnu un. Mae rhai pethau y mae angen i chi eu gwneud cyn i chi godi sbwriel i gadw'ch hun yn ddiogel.

1. Ewch gydag oedolyn bob amser
2. Peidiwch byth â chasglu unrhyw beth sy'n edrych yn gas neu'n beryglus
3. Gwisgwch fenig amddiffynnol a dewch â bag i roi sbwriel ynddo
4. Byddwch yn ofalus gydag eitemau miniog fel gwydr, nodwyddau, metel a pheidiwch â'u cyffwrdd
5. Cadwch lygad ar y môr – cadwch lygad am donnau mawr, y llanw'n dod i mewn neu dywod byw/fflatiau llaid
6. Cadwch lygad ar y tywydd a gwisgwch ddillad priodol ac eli haul
7. Tynnwch lun a'i lanlwytho ar y cyfryngau cymdeithasol gan ddefnyddio'r hashnodau #wildtribeheroes #2minutebeachclean a #minibeachclean
8. Rhowch y sbwriel mewn bin neu ewch ag e adref i'w ailgylchu/uwchgylchu